LE LIVRE

DE

LA FOI NOUVELLE

★

L'effort impuissant du désir de savoir était la clef du mystère.

★

Comme une source obstruée, qui refoule l'obstacle et jaillit violemment, — du fond de moi-même, de la terre et de l'univers, soudain, vers mon esprit, afflua : la Vérité.

★

Mon esprit fut, pour Elle, instrument de pensée, et ma voix, d'expression.

★

Mais ce qu'Elle voulait faire entendre, il fallut l'exprimer par les mots qui nous servent, les images à notre portée: ils n'évoquent ici que des analogies.

Voici :

I

Un primordial malheur. Quelque chose comme le contact funeste de deux éléments, que tu peux nommer — à défaut d'autres mots — l'*Inerte* et *Dieu*.

Et, sache-le :

II

Moi, Dieu, je fus vaincu.

III

C'est là ce que, depuis des milliers de
siècles, je crie, par toutes mes bouches, et qui
n'est pas entendu.

IV

Écoute : **Je fus vaincu**. C'est-à-dire, émietté, pulvérisé, dispersé. Moi, esprit : **Je fus englouti** par la matière ; réduit en germes ; absorbé, comme un liquide peut l'être par le sable.

V

Et ce fut, successivement, comme un long tumulte, une confusion, un trouble, une stagnation.

VI

Puis il y eut, partout, comme un frisson :

L'éveil d'une conscience, d'une mémoire,

une première impulsion de volonté au profond de l'*Inerte*.

VII

L'*Inerte* obéit, pour cesser d'être l'*Inerte*.

VIII

L'énergie impulsive, sur tous les points, s'efforça, la nature vibra, et ce fut le Monde.

IX

Et ce que j'ai donné de moi, je ne peux le reprendre, ni le modifier : **Chaque essai est une défaite,** et, par lui, une parcelle de moi, germe indestructible, est captive.

X

Captive et esclave, car la matière dénature ma volonté enfermée en elle, la fait dévier, déchaînant la force, déréglant la règle; rebelle aux perfections qui, préparant ma délivrance, préparent aussi sa perte, son retour à l'inertie.

XI

Ma délivrance est donc le but et la fin de
l'effort : **Dégager, par la mort, à travers
chaque être, une parcelle pure de moi.**

XII

Ainsi que le charbon réalise le diamant.

Et si tu veux un symbole, un signe, prends celui-ci : **Le diamant, perfection du charbon.**

XIII

Mais la mort, jusqu'ici, est **stérile.** C'est le fruit qui tombe sans s'être noué ; la flamme éteinte ; la force épuisée sans résultat ; **et toutes les morts ont été vaines.**

XIV

Aux temps présents, l'homme est le plus haut résultat de l'effort, et, **puisqu'il sait, il peut aider à la délivrance.**

XV

Tous ses efforts doivent tendre à réaliser son diamant — que tu peux appeler "Ame" — **en créant la mort féconde.**

XVI

Jusqu'ici,

Il n'y a pas encore eu d'âme.

★

www.ingramcontent.com/pod-product-compliance
Lightning Source LLC
Chambersburg PA
CBHW060811280326
41934CB00010B/2646